# Somewhere Someday

JOANA-JOE DAOU

AuthorHouse™
1663 Liberty Drive
Bloomington, IN 47403
www.authorhouse.com
Phone: 833-262-8899

Because of the dynamic nature of the Internet, any web addresses or links contained in this book may have changed since publication and may no longer be valid. The views expressed in this work are solely those of the author and do not necessarily reflect the views of the publisher, and the publisher hereby disclaims any responsibility for them.

This book is printed on acid-free paper.

ISBN: 978-1-4817-2916-1 (sc)
ISBN: 978-1-4817-2923-9 (e)

Library of Congress Control Number: 2013904741

Print information available on the last page.

Published by AuthorHouse  03/16/2022

**author**HOUSE®

# Dedication

Thank You for being you Mama, for you have been a positive role model all my life and the rock that I lean on.

Thank You for having been my inspiration to write this book David.

Eternal Love

This book is also dedicated to anyone who now has an angel overlooking them.

There once was a far away place called beetletown.

Beetle town was located in a place called Pookey Tookey land.

In Pookey Tookey land, the beetles stayed very busy working their jobs.

Había una vez un lugar lejano llamado beetletown.

Beetle ciudad se encontraba en un lugar llamado tierra Pookey Tookey.

En Pookey Tookey tierra, los escarabajos se mantuvo muy ocupado trabajando en sus puestos de trabajo.

There were two beetles named JoJo and Mia.
JoJo and Mia were the best of friends.
They did everything together!

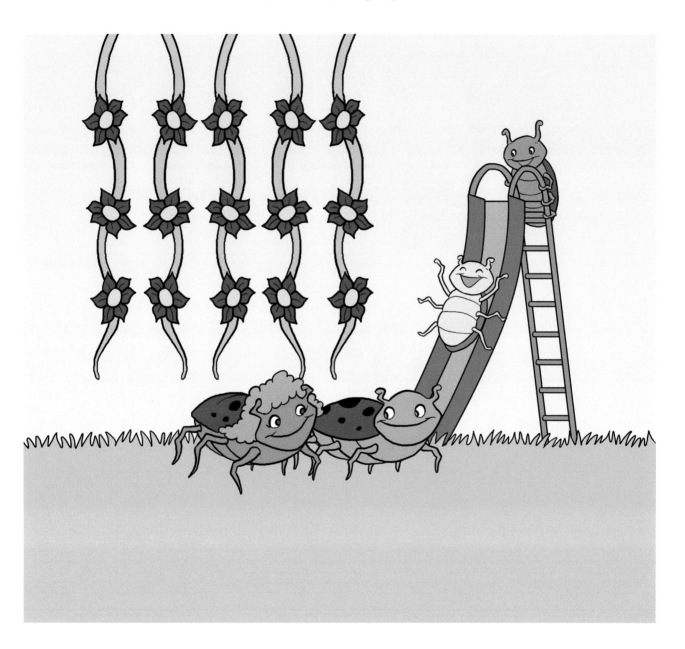

Había dos escarabajos llamados JoJo y Mia.
JoJo y Mia eran los mejores amigos.
Ellos hicieron todo juntos!

JoJo and Mia went to the same school, did homework together, had the same friends, listened to the same music, took walks, went apple picking and even went over each other's houses!

They were inseparable.

JoJo y Mia fue a la misma escuela, hacía la tarea juntos, tenían los mismos amigos, escuchar la misma música, paseaba, iba recolección de manzanas e incluso se acercó cada una las casas de otros!

Ellos eran inseparables.

"We will always be together."

Said JoJo.

"That's right." Mia replied.

"Where do we go after we leave Pookey Tookey land?" Mia asked.

"Siempre vamos a estar juntos".

Dicho JoJo.

"Así es." Mia contestó.

"¿A dónde vamos después de dejar Pookey tierra demasiado llave?" Mia preguntó.

Somewhere someday, we go to a different world. JoJo replied.

"Do we go together at the same time to this place?" Asked, Mia.

"No, we don't." Said, JoJo. "What's up there?" Mia asked.

"They say it's a magical place where there is peace, harmony and joy." No one knows for sure but one day we will all find out." JoJo said.

En algún lugar, algún día, nos Ir a un mundo diferente. JoJo respondió.

"¿Vamos juntos al mismo tiempo a este lugar?" Preguntado, Mia.

"No, no lo hacemos." Said, JoJo. "¿Qué pasa ahí?" Mia preguntó.

"Dicen que es un lugar mágico donde reina la paz, la armonía y la alegría." Nadie sabe a ciencia cierta, pero un día todos vamos a averiguarlo ". JoJo dijo.

"I heard when you go up there, you never get to see anyone again." Mia said.

"Not true. You get to see all of your loved ones but they don't see you until you leave here to go up there where you will get to be somewhere some day." JoJo said.

"Oh, really?" Mia asked.

"Yes indeed." JoJo replied.

"Escuché cuando vas allá arriba, nunca se llega a ver a nadie." Mia dijo.

"No es cierto. Tienes la oportunidad de ver a todos sus seres queridos, pero no te das cuenta hasta que se vayan de aquí para ir allí donde se llega a estar en algún lugar algún día." JoJo dijo.

"¿En serio?" Mia preguntó.

"Sí, por supuesto." JoJo respondió.

"After we leave this world, I heard we *become* *beautiful* dragonflies that fly around and get to *see* a whole different world with *beautiful* trees, flowers and have wings with all different colors like the rainbow!" Exclaimed, JoJo. "Wow! How exciting!" Mia said.

"You get to see family and friends that you haven't *seen* in a long time *because* eventually we all reunite again." Jojo said with a *big* smile.

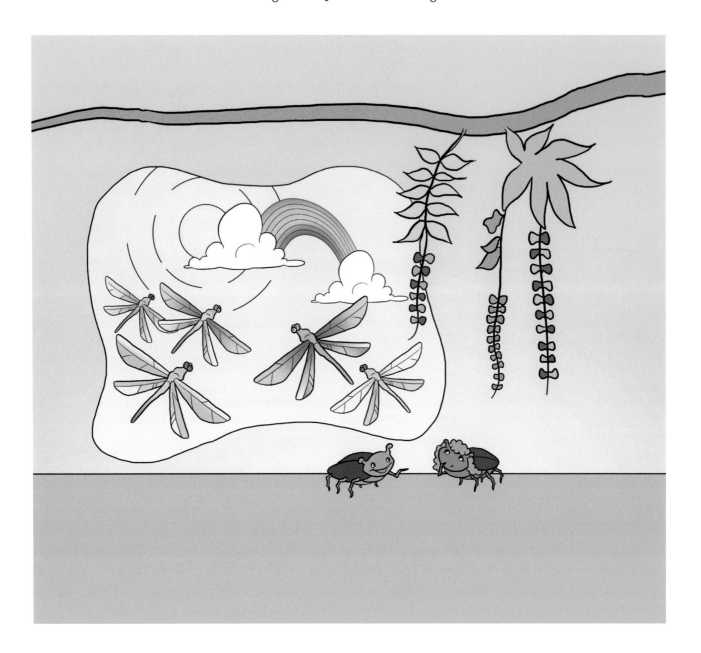

"Después de dejar este mundo, he oído nos convertimos en hermosas libélulas que vuelan alrededor y llegar a ver un mundo completamente diferente, con bellos árboles, flores y tienen alas con todos los diferentes colores como el arco iris!" Exclamó, JoJo. "¡Guau! ¡Qué emocionante!" Mia dijo.

"Tienes la oportunidad de ver a la familia y amigos que no has visto en mucho tiempo, porque al final todos se reúnen de nuevo." JoJo dijo con una gran sonrisa.

One day JoJo did not come to school. Mia wanted to know why.

After school she went to go visit JoJo at home but no one was there.

She waited on his front doorstep for a long while until it got dark.

The next day Mia was told that JoJo went to another place. Jojo would not return because he turned into a dragonfly. He was at that magical place now.

Away from Mia. Mia was devastated.

It's as if a part of her went with JoJo.

Un día JoJo no vino a la escuela. Mia quería saber por qué.

Después de la escuela fue a visitar a jojo en casa, pero no había nadie allí.

Esperó en su puerta delantera por un largo rato hasta que se hizo de noche.

Al día siguiente, Mia se le dijo que JoJo se fue a otro lugar. Jojo no volvería porque se convirtió en una libélula. Fue en ese lugar mágico momento.

Lejos de Mia. Mia estaba devastado.

Es como si una parte de ella se fue con jojo..

Later that night when Mia went to sleep, she had a dream about the conversation that her and JoJo had.

In the dream Mia asked JoJo: "What about your other family and friends who are left behind?

JoJo replied with: "Well, they are sad at first because they really miss you but then they move on to live their own lives and be happy. They also Know that we will all see each other again on one fine day."

Then JoJo turned into a dragonfly.

Más tarde esa noche, cuando Mia se fue a dormir, ella tuvo un sueño acerca de la conversación que ella y JoJo tenía.

En el sueño, preguntó Mia JoJo: "¿Qué pasa con su familia y amigos que se quedan atrás?

JoJo respondió con: "Bueno, ellos están tristes al principio, porque lo que realmente le pasa, pero luego se trasladan a vivir su propia vida y ser feliz. También saben que todos vamos a vernos de nuevo en un buen día. "

Entonces JoJo convertido en una libélula.

Although Mia was sad, she has thought about the conversation that she and jojo had and all the good times they had together in Beetletown.

She knew that he was in a better place where he was happy and living his life all over again.

She knew that he would watch over her now.

Also, they would be together somewhere, someday.

The End !!

Aunque Mia estaba triste, ella ha pensado en la conversación que ella y tenía JoJo y todos los buenos momentos que pasamos juntos en Beetletown.

Ella sabía que él estaba en un mejor lugar donde fue feliz y vivir su vida de nuevo.

Ella sabía que él cuidaría de ella.

Además, estarían juntos en algún Lugar, Algún Día.

El Final!

Printed in the United States
by Baker & Taylor Publisher Services